ÉLOGE.

HISTORIQUE

DE MONSIEUR

MAILLET-DU-BOULLAY.

ÉLOGE HISTORIQUE

DE MONSIEUR

MAILLET-DU-BOULLAY,

Seigneur & Patron du Boullay-Morin, Ecuyer Conseiller du Roi, Maître en la Cour des Comptes, Aydes & Finances de Normandie, Secrétaire perpétuel de l'Académie Royale des Sciences, Belles-Lettres & Arts de Rouen pour la partie des Belles-Lettres, associé de l'Académie Royale des Belles-Lettres de Caën, Membre du Bureau de la Société Royale d'Agriculture de la Généralité de Rouen, Académicien-Juge-né de l'Académie de l'Immaculée Conception de la Sainte Vierge, fondée dans la même ville :

Par M. l'Abbé Cotton-Deshoussayes, Docteur & Professeur en Théologie, de la Maison & Société de Sorbonne, Chanoine de l'Eglise Métropolitaine de Rouen, Primatiale de Normandie, Académicien titulaire & Bibliothécaire de l'Académie Royale des Sciences, Belles-Lettres & Arts de Rouen, & Secrétaire perpétuel de celle de l'Immaculée Conception de la Sainte Vierge, fondée dans la même ville, associé de l'Acad. des belles lettres de Caën

A ROUEN,

Chez Et. Vinc. Machuel, Imprimeur-Libraire, rue Saint Lo, vis-à-vis le Palais. 1770.

ÉLOGE

HISTORIQUE

DE MONSIEUR

MAILLET-DU-BOULLAY,

Lu le 21 Décembre 1769 à la Séance publique de l'Académie de l'Immaculée Conception de la Sainte Vierge, fondée à Rouen.

Quis defiderio fir pudor aut modus
Tant chari capitis ? præcipe lugubres
Cantus.

Horat. odar. lib. 1º, ode 24.

'ACADÉMIE de l'Immaculée Conception de la Sainte Vierge partage la perte qu'ont faite le 13 de Septembre dernier la Cour des Comptes, Aydes & Finances de Normandie, l'Académie des Sciences, Belles - Lettres & Arts de Rouen, la Société Royale d'Agriculture de cette Généralité, l'Académie Royale des Belles-Lettres de Caën, la ville que nous habitons, la Province entiere, la République des Lettres.

Occafion de cet éloge.

Aurois-je pu penser que M. du Boullay seroit le premier auquel je serois obligé de rendre le devoir funebre, ordonné par les Réglemens auxquels il a tant contribué! quelle fonction pour un ami! & fi elle eft consolante à certains égards, quelle eft en mêmetems-douloureuse ! La lecture de cet éloge pourra être

A 2

interrompue par quelques larmes ; mais je n'aurai point à en demander pardon aux ames fenfibles qui connoiffent la douce impreffion de l'amitié.

Charles-Nicolas Maillet , Seigneur & Patron du Boullay-Morin, Ecuyer, Confeiller du Roi , Maître des Comptes., Aydes & Finances de Normandie , Secrétaire perpétuel de l'Académie des Sciences , Belles-Lettres & Arts de Rouen pour la partie des Belles-Lettres , affocié de l'Académie des Belles-Lettres de Caën , Membre du Bureau de la Société Royale d'Agriculture de la Généralité de Rouen , Académicien-Juge-né de l'Académie de l'Immaculée Conception de la Sainte Vierge , fondée en cette ville, y nâquit fur la paroiffe de S. Laurent le 6 Février 1729.

Sa vie , quoique courte en elle-même , & infiniment plus encore au gré de ceux que le bien public peut intéreffer , a été tout à la fois heureufe & glorieufe.

Son premier bonheur, celui dont il remercioit fouvent la Providence , fut de naître , & de fe conferver dans cet état honorable , dans ce jufte milieu qui femble fpécialement confacré à la vérité & à la vertu , où le travail fait tout & l'intrigue rien.

Son pere François-Nicolas Maillet , mort en cette ville le 20 Janvier 1768 , âgé de 92 ans 10 mois 20 jours , a rempli pendant 45 ans une charge de Tréforier de France , dans laquelle il a mérité l'eftime & l'amitié de fa compagnie. Noble dame Elifabeth-Françoife Godeheu fa mere eft d'une famille qui a fourni plufieurs Députés du commerce de cette ville , &c. , tous également recommandables par le mérité & la probité.

Le premier fpectacle domeftique qui s'étoit offert à notre refpectable Confrere , étoit celui des vertus chrétiennes & morales ; & fon ame créée pour le bien , en reçut en naiffant les premieres impreffions. Cette éducation du cœur qui a fouvent la rapidité de l'éclair , qu'on ne peut expliquer parfaitement ; mais qui , bien examinée , peut être regardée comme l'effet fubit des inclinations perfonnelles combinées avec l'exemple ; cette éducation fi fouvent négligée , &

cependant

cependant si précieuse & si efficace fut la plus heureuse pour M. du Boullay. Il n'eut point à lutter contre les forces toujours trop puissantes du mauvais exemple de la part de ceux que la nature nous aprend à respecter. Né vertueux de parens vertueux, tout sembloit conspirer à imprimer dans son ame cet enthousiasme noble & raisonné pour la vérité & la justice qui a fait son caractere principal. Destiné à nous faire voir cet heureux accord des talens & de la vertu qui est si rare, & qui devroit être si commun, il avoit reçu de la nature un cœur sensible & ouvert à tous les sentimens honnêtes. Il en avoit reçu un esprit pénétrant, facile & porté au travail le plus opiniâtre. Il en donna des preuves non équivoques dès sa plus tendre jeunesse. Il n'avoit que 10 ans, lorsqu'il fut mis en troisieme au College de Juilli, où son pere avoit lui-même étudié. L'émulation, source des succès, lorsqu'elle est contenue dans de justes bornes, avoit rendu ce collége très-distingué. M. du Boullay, qui avoit répondu sans contrainte & sans efforts aux soins d'un Maître habile qui s'étoit occupé à guider ses premiers pas dans la carriere des Lettres, continua de faire des progrès marqués sous ses nouveaux Maîtres. Ils se souviennent encore avec une sorte d'orgueil noble des succès de ce jeune Athlete, pendant les trois années qu'il passa chez eux. A 13 ans il avoit fini sa Rhétorique. Ses parens l'envoyerent alors à Paris, & le mirent dans une pension aux environs du Collége de Beauvais où il continua ses études. Il fit une seconde année de Rhétorique sous M. Crevier, connu par ses ouvrages, & ses deux années de Philosophie sous le célebre M. Rivard, dont la gloire principale est d'avoir rendu commune dans les écoles de l'Université de Paris l'étude des Mathématiques, sans lesquelles la Physique ne peut être qu'un Roman ingénieux, fruit de l'imagination, & jamais celui de la vérité & de l'exactitude. Ses talens & l'usage qu'il en faisoit, lui acquirent une estime & une approbation universelles. Ses Professeurs le remarquoient avec complaisance, cherchoient à le connoître particuliérement, & fembloient préluder par ces diftinctions méritées au dégré de confidération & de gloire où il devoit un jour arriver. Pour lui ils ne pouvoient être, & n'éroient en effet que des amis fin- ceres. Son cœur lui difoit qu'il leur devoit en grande partie le plus fignalé & le plus durable de tous les bien- faits, celui de l'éducation ; & il ne parloit jamais d'eux qu'avec les effufions du refpect le plus tendre, & de la reconnoiffance la plus vive.

Ses parens & fes Maîtres en cultivant en lui le goût des Lettres & des Sciences étoient bien éloignés de négliger la connoiffance & l'amour de cette fcien- ce folide qui, puifée dans le fein de Dieu même, nous y fuit, ou plutôt s'y perfectionne, lorfque nous y rentrons. M. du Boullay avoit un cœur vertueux & un efprit jufte. Il fut facilement chrétien dans les principes & dans la pratique.

De retour à Rouen dans le fein d'une famille qu'il aimoit, & dont il étoit aimé, avec un cœur né pour la vertu, avec un génie propre aux Lettres, aux Scien- ces & aux Arts, il étoit naturel qu'il ne tardât pas à s'unir auffi étroitement qu'il étoit poffible, avec ce- lui qui dans cette ville en étoit l'ami, & qui en avoit l'enthoufiafme. M. du Boullay ne pouvoit manquer d'intéreffer M. le Cat, qu'une plume * également exacte & agréable vient de nous peindre fi fenfible à la gloire & au bonheur de l'humanité. M. le Cat & M. du Boullay, tous deux dans leur genre marqués à ce coin qui caractérife les enfans du génie & de la vertu, étoient faits pour être amis, & ils n'ont ja- mais ceffé de l'être malgré la différence de leurs carac- teres. Le goût pour la Phyfique qui étoit la paffion dominante de M. le Cat, & à laquelle il facrifioit tout, excepté fes devoirs, devint fans peine celui de M. du Boullay. Il n'avoit que 19 ans, lorfqu'il travailla fur une matiere de Phyfique, qui femble être un myftere de la nature, & qui étoit l'objet du prix que l'Académie de Rouen devoit donner en 1748. Il s'agiffoit d'expofer *la caufe de l'afcenfion des fluides dans les tuyaux capillaires.* Ce prix qui avoit été différé l'année précédente, fut adjugé à M. l'Abbé Sigorgne, Licentié de la Maifon & Société de Sorbonne, célebre Profeffeur de Philofophie au Collége du Pleffis, celui même qui a eu le courage & la force d'introduire le Newtonianifme dans cette fameufe Univerfité, & de l'établir dans fes leçons & dans fes ouvrages fur les ruines de l'ancienne Phyfique & du Carthéfianifme pur ou corrigé par M. Privat de Molieres. Tel fut l'adverfaire que M. du Boullay eut à combattre en qualité d'égal dans un âge où il n'eût pas été honteux d'être fon difciple, & s'il lui céda le premier rang, il alla fe placer immédiatement au-deffous de lui.

Cette féance du 13 d'Août 1748, fut pour M. du Boullay l'aurore brillante d'un jour plus brillant encore. De tels fuccès dans un âge fi tendre déterminerent facilement l'Académie des Sciences, Belles-Lettres & Arts de Rouen à fe l'attacher. Il y fut reçu d'une voix unanime en qualité d'adjoint dès le 19 Novembre 1748 : ainfi il n'avoit pas encore atteint l'âge prefcrit par les Statuts de l'Académie. Il fut le feul qui ne s'aperçut pas qu'il méritoit cette exception, & qu'elle ne pouvoit tirer à conféquence. Il reçut cette diftinction avec une reconnoiffance & une modeftie, dont il auroit pu fe difpenfer, fi fon ame avoit fçu négliger quelque vertu, & il travailla avec plus d'ardeur que jamais, pour tâcher d'être moins indigne à fes propres yeux de la faveur qu'il venoit d'obtenir, & dont il faifoit le plus grand cas.

Le 15 Avril 1749, il lut à l'Académie un Mémoire de Phyfique *fur les qualités fecondaires des corps*, & le 29 Juillet fuivant, *des réflexions fur le genre dramatique moderne, improprement apellé comique larmoyant*. Il étoit jufte que M. du Boullay prît la défenfe d'un genre, pour lequel la fenfibilité & la vertu reclameront toujours contre les difcuffions ingénieufes & fçavantes, mais toujours froides de l'efprit qui fronde, ou de l'érudition qui adore. M. du Boullay n'avoit guére alors plus de 20 ans. Je ne dois point omettre ces dates que je pourrois négliger dans toute autre

circonſtance. Dans cette diſſertation qui, lue à la
ſéance publique de 1749, y obtint les aplaudiſſemens
qu'elle méritoit, il regne úne clarté & une méthode
rares chez un jeune Auteur, & qu'il ſçut allier avec
la chaleur & l'intérêt. *M. du Boullay remarque d'a-
bord que ce dramatique n'eſt point nouveau, & il le
prouve par l'exemple de Térence. Il diviſe ſon ouvrage
en deux parties : dans la premiere il établit que ce genre
eſt néceſſaire ; dans la ſeconde, qu'il eſt utile. Pour
preuve de la néceſſité du dramatique moyen il fait voir
qu'il différe des autres genres dramatiques. Diſtingué de
la Tragédie & du Comique Burleſque, il peïnt des paſſions, des vertus & des vices pris dans le cœur humain,
& que la Tragédie & la Comédie burleſque ne repreſente
point ; il peint les mêmes vertus & les mêmes vices,
mais ſous un autre point de vue. Il repreſente une eſpece
d'hommes différente de ceux qui ſont les Acteurs du
tragique & du comique burleſque ; enfin, les impreſ-
ſions qu'il fait ſur les Spectateurs, ne ſont pas les mêmes. Comparé avec le haut comique, il en différe encore
eſſentiellement. Leurs objets principaux ne ſont nulle-
ment les mêmes. Celui du comique moyen eſt toujours
l'attendriſſement produit par la vertu ; dans le haut comique ces ſcènes attendriſſantes ne ſont que des acceſ-
ſoires qu'on peut ſuprimer, ſans qu'il ceſſe de remplir ſon
objet principal, comme on le voit dans le Miſantrope.*

*La ſeconde partie de cette diſſertation littéraire eſt
deſtinée à montrer l'utilité du genre dramatique moderne
par les avantages qui l'accompagnent, par ſon étendue
qui n'a de bornes que celles des paſſions qui agitent tous
les jours la ſociété, par les plaiſirs qu'il nous procure,
& dont l'origine reſpectable eſt toujours la peinture
naïve de la vertu & de l'humanité ; enfin, par les inſtruc-
tions pratiques, générales & intéreſſantes qu'il nous
donne. M. du Boullay fait voir que le dramatique qu'il
défend, eſt exempt des dangers qui ſont les ſuites na-
turelles des autres genres dramatiques. Il éleve l'homme
ſans l'enfler, comme fait ou peut faire la Tragédie. Il
ne favoriſe point le penchant à la malignité comme la
Comédie ordinaire. Tout y eſt pur & digne de la vertu.*

S'il peint l'amour, c'est toujours l'amour légitime. Il ne cache point les précipices qui l'environnent, & les peines qui en surpassent les plaisirs. Par cette marche sage & vertueuse, bien loin d'inspirer du goût & du penchant pour cette passion séduisante, le dramatique moderne excite dans l'ame de ces jeunes gens qui ne connoissent encore que le besoin d'aimer, une juste crainte & une défiance raisonnable, capables de les garantir des piéges de leur propre cœur.

De ces principes M. du Boullay conclut qu'un genre dramatique, qui a pour soi les suffrages réunis de l'autorité, de la raison, de la nature, de la vertu, des cœurs sensibles, juges naturels de tout ce qui intéresse les plaisirs de l'ame, n'a point surpris, mais qu'il a mérité les aplaudissemens.

M. de la Louptiere attaqua les réflexions de M. du Boullay, qui furent principalement connues par le compte qui fut rendu de la séance publique de l'Académie de Rouen de l'année 1749. Il avança dans un des mercures qui suivirent ce compte rendu *qu'on ne trouve ni dans Térence ni dans aucun autre Auteur ancien ou moderne, avant M. de la Chaussée, rien qui ressemble à ce dramatique.* M. du Boullay répondit à la critique de M. de la Louptiere, & cette question de fait, qu'il n'avoit qu'indiquée dans les réflexions, dont on vient de parler, lui parut mériter d'être discutée.. *Il s'attacha particuliérement à Térence, & fit voir par plusieurs passages des anciens & des modernes, qu'on a toujours été persuadé que Térence excelle par cette sorte de peinture touchante des mœurs, également éloignée du pathétique de la Tragédie & du Ridicule de la Comédie. Il cite Quintilien, M. Rollin, Madame Dacier. Il donne ensuite une exposition abregée de l'Andrienne. Il fait voir que cette piece, ce chef-d'œuvre de l'antiquité, est entiérement dans le genre tant critiqué sous le nom de comique larmoyant, que son objet principal est de peindre un amour désinteressé, généreux, uniquement fondé sur la bonté du cœur & la probité; en un mot, un amour entiérement différent de celui qui est peint dans les Tragédies &*

dans les Comédies proprement dites. Il apuye ses asser-
tions par plusieurs passages de cette piece traduits en
François, & il fait voir de la même maniere que les
scènes plaisantes de cette Comédie ne sont qu'accessoi-
res. Il cite encore plusieurs autres pieces anciennes &
modernes telles que les Adephes de Térence, le Philo-
sophe Marié & le Glorieux de M. Destouches ; & il finit
par conclure que toutes les especes de preuves, celles de
raisonnement & celles d'autorité, se réunissent en fa-
veur de ce genre, dont la critique sera toujours désaprou-
vée par le cœur, de ce genre le plus utile pour les
mœurs & le seul peut-être, ou du moins le principal qui
ait pu faire soutenir que le Théâtre est par lui-même
une école de vertu.

Le 30 Juin. 1750.

M. du Boullay lut son nouvel ouvrage à l'Académie. Il lui faisoit hommage de toutes ses productions,
il étoit persuadé qu'il ne valloit que par elle, & il
l'aimoit de cet amour filial, dont il se croyoit payé
avec usure par l'honneur de la servir : elle crut avec
raison qu'une nouvelle défense de ce genre tendre &
vertueux auroit toujours des droits sur les cœurs sensibles ; & en conséquence elle voulut qu'elle fût lue à
la séance publique de 1754. C'est ainsi que chaque
année & presque chaque séance publique de l'Académie de Rouen, ont été marquées par la lecture de
quelque ouvrage de M. du Boullay, toujours solide &
agréable, toujours conforme au goût général.

_Sentimens de M. du Boullay pour l'Académie de Rouen.

Séance pu-blique du 4 Août 1750.

En 1750 ce fut un discours intéressant, dans lequel
il prouva qu'il *y a entre tous les grands hommes dans*
tous les genres, des raports qui doivent servir à les unir.
Discours sensé, philosophique, plein de sentiment.
Il remarque d'abord que le bonheur des grands hommes,
l'intérêt de leur gloire, celui des connoissances qu'ils
cultivent, dépendent de leur union mutuelle, & que
cette union peut être facilement le fruit des raports qui
sont entr'eux. Il expose la nature de ces raports qui
sont tous fondés sur le génie. Delà le goût du vrai, l'é-
tendue de l'esprit, la justesse du discernement, la faci-
lité à faire passer ses idées dans l'ame des autres ; qua-
tre qualités essentielles au génie & communes à tous les

Analyse du discours de M. du Boul-lay sur les raports en-tre les grands hommes.

grands hommes. Pour le prouver, M. du Boullay ra-
porte toutes les connoiſſances humaines aux Sciences &
aux Belles-Lettres. Il remarque avec raiſon que les
beaux Arts tiennent aux premieres par les principes, &
aux ſecondes par le goût & l'imitation de la nature. Il
compare enſuite les Sciences & les Belles-Lettres. Les
Sçavans ſe prévalent aſſez ſouvent de leur goût pour
le vrai, de la juſteſſe, de l'étendue de leur eſprit. Les
gens de Lettres ſemblent quelquefois s'arroger excluſi-
vement ce génie créateur qui fait les grands hommes, &
ſur-tout ces graces & cet art ingénieux, avec lequel ils
ſçavent orner la vérité. M. du Boullay réfute ces diffé-
rens préjugés ; & pour prouver les avantages des Belles-
Lettres pour le Sçavant & ceux des Sciences pour l'hom-
me de Lettres, aux raiſonnemens ſolides qu'il employe,
il ajoute l'exemple de l'illuſtre Fontenelle, un des prin-
cipaux ornemens de notre patrie. Cet exemple le conduit
à conclure l'utilité des établiſſemens littéraires qui,
comme l'Académie de Rouen, réuniſſent les Sciences,
les Belles-Lettres & les Arts.

En 1751 * M. du Boullay donna un Mémoire *ſur la dureté, la fragilité & autres qualités des corps.* On voit par ce Mémoire qu'il étoit conſtant dans ſes goûts, & que les agrémens des Belles-Lettres ne lui faiſoient point négliger la beauté ſolide de la Phyſique.

*Le 20 Avril. Nouvel ouvrage de M. du Boullay ſur la Phyſique.

Les Travaux ſuivis de M. du Boullay, ſon zèle, ſon aſſiduité aux ſéances de l'Académie, ſa douceur, ſa modeſtie lui méritérent le 10 Août 1750 une place parmi les Académiciens titulaires. Il y fut reçu d'une voix unanime ; car ſes talens & ſes vertus ſociales lui avoient mérité l'avantage rare d'avoir autant d'amis & d'admirateurs qu'il avoit de confreres.

On le vit de nouveau travailler avec ardeur. *L'eſprit des Loix,* cet ouvrage profond & ſublime, cet ouvrage ſi critiqué & ſi admiré, comme le ſont tous ceux dont la deſtinée eſt de faire une ſorte de révolution, fit pendant quelque-tems l'objet de ſon étude. En 1752 il en lut à l'Académie un *Extrait raiſonné,* qu'il accompagna de *quelques penſées diverſes.* C'eſt ainſi qu'il préludoit d'une maniere philoſophique &

académique à l'état de Magiſtrat qu'il embraſſa dans la ſuite : car toutes ſes études ſe tournoient toujours du côté de l'utilité, de la vertu, du devoir, du Patriotiſme.

M. du Boullay entreprend l'Hiſtoire de Normandie. Ses ouvrages ſur cette partie, & idée de ces ouvrages.

Cet eſprit patriotique lui fit entreprendre ſur la fin de 1752 l'Hiſtoire de notre Province, qui peut-être nous manque encore, malgré celles que nous avons déjà. Il étoit plus propre que tout autre à conduire à ſa perfection un ouvrage qui demande des talens bien ſupérieurs à ceux qu'on croit communément néceſſaires pour les ſuccès dans ce genre. L'exactitude ſcrupuleuſe, la patience ſinguliere, les recherches multipliées qui font ordinairement tout le mérite de ces ſortes d'ouvrages, auroient été ſoutenues par les agrémens de ſon ſtyle, de ce ſtyle qui en allant directement au cœur, charmoit agréablement l'eſprit & les oreilles; de ce ſtyle fait pour plaire à tous les hommes, parce que le ſentiment y dominoit, & que tous les hommes ſont plus ou moins ſenſibles, tandis que très-peu ſont éclairés : en un mot, de ce ſtyle intéreſſant d'autant plus néceſſaire dans cette circonſtance que les objets en euſſent été plus reſtreints & plus indifférens pour le commun des lecteurs. Nous pouvons juger de ce qu'auroit été l'ouvrage dont il eſt queſtion par les différens morceaux qui ont été preſentés aux ſéances de l'Académie. M. du Boullay l'avoit commencé par un diſcours qui peut en être regardé comme la Préface, & qu'il avoit intitulé : *Idée d'une Hiſtoire de Normandie & des moyens d'y travailler avec ſuccès.* (a) *Les vues patriotiques qui avoient toujours animé, & qui animoient encore l'Académie, y étoient preſentées avec l'intérêt qu'éprouve un fils tendre & reſpectueux pour une mere chérie. Il en fourniſſoit pour derniere preuve le projet qu'elle avoit formé de ſe mettre un jour en état de donner à la Province une*

(a) Ce diſcours fut lu à la ſéance particuliere de l'Académie du 18 Janvier 1753, & à la ſéance publique du mois d'Août de la même année.

Hiſtoire

Hiſtoire Civile, Eccléſiaſtique, Littéraire & Naturelle, de la Normandie. Il traçoit en racourci, mais d'un crayon net, ſûr & ferme, toute la ſuite, toute l'importance, toute la variété de notre Hiſtoire, depuis l'invaſion des Normands en 912, & il finiſſoit par exhorter tous ceux dans leſquels reſpirent l'amour de la Patrie & le goût pour l'Hiſtoire, à faire part à l'Académie de leurs lumieres & de leurs recherches. Ce diſcours fut accueilli avec le tranſport que l'amour du bien public excite toujours dans les perſonnes les plus indifférentes, lorſqu'elles n'ont aucun ſacrifice à lui faire. Il éprouva cependant une critique qui fut inſérée dans le Journal de Verdun. M. du Boullay y répondit par une lettre (a) polie & ſçavante, qu'il adreſſa à M. l'Abbé Raynal, alors Auteur du *Mercure*, ſur *l'étendue & la ſituation de l'ancienne Ingermanie, pour ſervir de réponſe à la remarque critique du Journaliſte de Verdun.* Une ame, qui n'eût été que ſenſible, eût pu être rebutée; celle de M. du Boullay étoit encore grande & généreuſe. Son Ouvrage pouvoit être utile à la Province qui l'avoit vu naître; c'en étoit aſſez pour qu'il continuât de travailler.

C'eſt à ſon eſprit patriotique que nous devons encore *l'Hiſtoire* (b) *de Richard Cœur de Lyon, Duc de Normandie & Roi d'Angleterre,* grand Conquérant & mauvais Roi, celle (c) *de Jean Sans Terre, Roi d'Angleterre & dernier Duc de Normandie,* Prince foible, cruel, & qui fit ſon malheur en faiſant celui de ſes peuples; enfin l'Hiſtoire (d) *de Guillaume II, Duc de Normandie & Conquérant de l'Angleterre,* depuis ſa naiſſance juſqu'à la bataille d'Haſtings incluſivement. Les faits hiſtoriques ſont un champ commun, que chaque Auteur fait valoir, au gré de ſon induſtrie &

---

[a] Cette lettre fut lue à l'Académie le 24 Février 1754.

[b] Lue à la Séance publique de l'Académie, du mois d'Août 1755.

[c] Lue à la Séance publique de l'Académie, du mois d'Août 1756.

[d] Lue à l'Académie le 18 Mai 1757.

C

de fes talens. On peut dire que ceux de l'Hiftoire de Normandie devinrent, fous la plume de M. du Boullay, un fpectacle prefque nouveau, toujours intéreffant, utile & agréable.

Il auroit continué cet Ouvrage important, fi des vues d'une plus grande utilité ne l'avoient obligé de l'abandonner jufqu'au moment où, rendu à lui-même, il pourroit élever à la Patrie ce monument de zèle & d'amour.

M. du B. Direct. & Secrétaire perpétuel de l'Académie.

Il étoit Directeur de l'Académie, lorfque les fuffrages réunis de fes confreres le porterent à la place de Secrétaire des Belles Lettres, le 11 Décembre 1755, après la démiffion de M. de Prémagny. Ce titre honorable attacha de plus en plus à l'Académie le cœur noble & reconnoiffant de M. du Boullay. Dès l'inftant il parut n'avoir plus d'exiftence que pour elle. Il penfa lui facrifier les feules idoles qu'il pût avoir, l'aimable paix, la tendre amitié; & la maniere dont il foutint les droits de fa place en 1756, prouve clairement que fon ame douce & pacifique fçavoit dans l'occafion montrer cette fermeté, fans laquelle la bonté n'eft que foibleffe. [a]

Nouveaux Reglemens de l'Acad de Rouen. La part que M. du Boullay y eut.

L'Académie de Rouen a fans doute beaucoup d'obligations à M. du Boullay; & l'homme fenfible qui écrira l'Hiftoire de cette Compagnie, ne les oubliera pas. Une des principales eft la réforme opérée en 1756 par fes foins & ceux de plufieurs Académiciens, [b] animés, comme lui, du véritable efprit Littéraire. On vit alors toute ombre d'Ariftocratie difparoître de l'Académie, & l'égalité précieufe qui fait l'ame des corps confacrés aux Lettres, cette forme de Légiflation qui ne peut convenir qu'à des hommes fages, fut établie

---

[a] Difpute avec M. le Cat, Secrétaire pour la partie des Sciences. Voyez Regiftres de l'Académie & autres pieces.

[b] Tels que MM. le Cat, de Cideville, le Boulanger, l'Abbé du Refnel, de Fontenelle. Le détail de cette réforme fera le fujet de l'Hiftoire particuliere de l'Académie de Rouen, avec laquelle fe confondra toujours celle de M. du Boullay, un des membres les plus zélés que puiffe jamais avoir ce Corps Littéraire.

d'une façon irrévocable, au moyen de nouveaux Statuts autorisés par des Lettres-Patentes enregistrées au Parlement de Rouen.

Après ce succès, dont M. du Boullay faisoit dépendre avec raison l'honneur, & ce qui est presque la même chose, l'existence de l'Académie, il s'occupa principalement des travaux multipliés de la correspondance attachée à la place de Secrétaire, du projet de la publication des Mémoires, retardé par des obstacles toujours nouveaux, dont il s'efforça sans cesse de triompher, & enfin de la composition des Eloges funebres de nos Confreres. Ces Eloges [a], au nom-

Ouvrages de M. du B. comme Secrétaire de l'Académie.

[a] Citer ces éloges, c'est rappeller les plaisirs goûtés par ceux qui en ont entendu la lecture aux Séances publiques de l'Académie, c'est faire naître le desir de les voir imprimés; & ce double objet ne peut être qu'agréable. Je pourrois m'étendre très-au long sur ces éloges, je ne ferai que les indiquer avec l'année des Séances publiques où ils ont été lus.

1756. M. de Sacy, Conseiller au Parlement de Rouen.

1757. M. Antoine-Sébastien Slodtz, Sculpteur.

1758. M. Philippe le Boulanger, premier Commis de M. le Comte de Saint-Florentin.

1761. M. l'Abbé du Resnel, de l'Académie Françoise, &c.

1761. M. François de Rougeville, Auditeur des Comptes de Rouen.

1762. M. Feydeau de Brou, Intendant de la Généralité de Rouen.

1762. Réflexions sur les Ouvrages de M. Prosper Joliot de Crébillon, composées par M. du Boullay, pour tenir lieu d'Eloge de ce célebre Poëte Tragique, son fils unique en ayant fait insérer un très-circonstancié dans le Mercure de France, 2 vol. de Juillet 1762.

1763. M. Evrard Titon du Tillet, Auteur du *Parnasse François*.

1764. M. Charles-Etienne Pesselier.

1765. M. Michel-Ange Slodtz.

1766. M. Charles Toustain de Limesy, ancien Capitaine au régiment de Champagne, &c.

1767. M. Hector-Nicolas Paviot, Président en la Cour des Comptes, Aides & Finances de Normandie, &c.

Même Séance publique de 1767 M. Etienne-François Boistard de Prémagny, Prédécesseur de M. du Boullay dans la place de Secrétaire de l'Académie, pour la partie des Belles-Lettres.

1767. M. de Pontcarré, ancien Premier Président du Parlement de Rouen.

bre de seize, seront un des principaux ornemens de
la collection des Mémoires de l'Académie de Rouen :
ce sont à la fois des portraits ressemblans & des ta-
bleaux intéressans. Il ne laisse échapper aucun des
traits qui peuvent servir à faire connoître l'homme
public, l'homme de Lettres & l'homme privé, & il le
fait toujours avec la chaleur, le sentiment, le ton de
vertu qu'il portoit par-tout. On a dit que *chaque Auteur se peint dans ses écrits.* Cette maxime est sur-tout
applicable à celui que nous regrettons. Tout prenoit
la teinture de cet esprit agréable & Philosophique, de
ce cœur sensible & vertueux qu'on voyoit, qu'on tou-
choit, pour ainsi dire.

Ouvrages
de M. du B.
sur la Gram-
maire géné-
rale.

. Ce caractere se retrouve encore, autant qu'il est
possible, dans des discussions Grammaticales, à l'oc-
casion de la nouvelle Edition de la *Grammaire générale
& raisonnée, qui parut en 1756, avec les remarques de
M. Duclos, Secrétaire de l'Académie Françoise, & le
Supplément de M. l'Abbé Fromant, Principal du Collége de Vernon, Associé de l'Académie de Rouen* [b].

1768, M. Jean Restout, Peintre du Roi, &c.

1768. M. l'Abbé Goujet, Chanoine de S. Jacques-l'Hôpi-
tal, célebre Littérateur.

1768. M. Jacques Duval d'Epremesnil. M. du Boullay, affligé, comme M. d'Epremesnil, de la surdité, en le présentant
sous ce point de vue, s'est peint lui-même, sans le vouloir. Nous
lui appliquerons ses propres paroles. *Quand il étoit avec ses amis,
sa surdité ne lui ôtoit rien de sa gaieté. Il prenoit part avec plaisir
à la conversation, quand il pouvoit y participer. Quand il ne le
pouvoit pas, il savoit supporter cette privation sans chagrin,
sans défiance & sans importunité.*

M. du Boullay se félicitoit, à la Séance publique du mois
d'Août 1769, de n'avoir aucun devoir funebre à rendre à ses
Confreres. Qui eût cru qu'il seroit lui-même sitôt l'objet de nos
regrets & de nos justes éloges ?

[b] M. du Boullay, en qualité de Secrétaire, fit un *Extrait
raisonné* de l'Ouvrage de M. l'Abbé Fromant ; & ce rapport à
l'Académie composé par sa longueur un Mémoire intéressant. On
y remarque l'idée & l'exposition d'un Ouvrage sur l'Ortogra-
phe, qui seroit très-utile, sur-tout aux étrangers. Ce seroit un
Dictionnaire où la prononciation & la prosodie des mots fussent
marquées & comparées avec l'Orthographe d'usage. Je ne crois
pas que cet Ouvrage qui a été exécuté pour l'Anglois, l'ait encore

Le travail épineux auquel M. du Boullay se livra alors,
prouve combien il étoit versé dans la théorie & dans
les principes généraux des Langues, le seul point de
vue qui puisse peut-être conduire un esprit philosophique à unir la science des mots & celle des choses.
Il prouve encore le soin qu'il donnoit à toutes les parties des fonctions de sa place. Présentoit-on quelqu'ouvrage à l'Académie? Il ne se contentoit pas de
complimens froids & monotones, ou de critiques sé-
ches & laconiques qui favorisent l'orgueil & la pa-
resse. Un extrait raisonné, une discussion exacte, des
remarques sensées faisoient connoître l'ouvrage à la
Compagnie; & ce travail communiqué aux Auteurs
avec cette politesse qui étoit encore plus le fruit de
ses inclinations, que celui de son éducation, leur
prouvoit combien l'Académie s'intéressoit à la perfection de leurs ouvrages, & combien il étoit agréable & utile de lui appartenir. (c)

été pour la Langue Françoise. On voit encore dans cette même analyse quelques idées sur l'*article* qu'on peut appeller neuves. M. du
Boullay les étendit dans la suite, & il en fit un Mémoire assez
long, intitulé *Essai sur la nature & la définition de l'Article.*
Après avoir rendu aux illustres Grammairiens qui se sont exer-
cés sur cette matiere, toute la justice qui leur est due, il propose
ses idées avec la modestie qui sembloit inhérente à son ame.
L'Article, selon lui, *est un pronom dont l'usage est de faire
prendre les noms appellatifs qu'il précede, dans une signification
spécifique & oppositive, & cependant universelle & exclusive.
Cette signification en conservant ces mêmes qualités, est collective
dans l'article pluriel,* Les, *individuelle, distributive dans l'article singulier* Le & La. Tout le reste de ce Mémoire très - profond, très-métaphysique, & cependant très-clair, est employé
à développer & à prouver toutes les parties de cette définition,
ou si l'on veut, de cette description. Elle éprouva des contra-
dictions même dans l'Académie de Rouen, & entr'autres de la
part de M. l'Abbé le Vasseur, Académicien adjoint. M. du
Boullay lui répondit par un nouveau mémoire; & si la mort ne
l'eût surpris, il auroit répondu de même à M Beauzée, qui
dans la Grammaire générale a combattu ses idées avec la politesse & les égards que se doivent, & que s'accordent toujours les
vrais gens de Lettres. [Voyez registre des Belles-Lettres de l'A-
cadémie de Rouen, année 1768, pages 34, 35 & 36.]

[c] Je citerai ici pour exemple entre plusieurs autres le travail

Quelqu'intéreſſantes que M. du Boullay ſçût rendre les diſcuſſions Grammaticales de l'eſpece de celles
dont nous venons de parler, elles ne pouvoient contenter ſon cœur dont l'attrait le portoit vers la morale & l'intérêt de la Société. C'eſt le caractere du reſte
de ſes Ouvrages.

Diſcours Philoſophi-ques & Ana-lyſe de ces Diſcours. Pour convaincre par leurs propres principes les
égoiſtes que le dépériſſement des vertus ſociales a ſi
fort multipliés de nos jours, il prouva dans un diſcours lû à la ſéance publique de 1760, qu'au milieu
même des violences qui tyranniſent la ſociété, des
abus qui en troublent l'ordre & l'économie, le véritable intérêt de chaque citoyen eſt de contribuer de
tout ſon pouvoir à l'intérêt général, & de lui ſubor-
donner ſon intérêt perſonnel, en un mot d'être vraiment vertueux; ſon exemple, dût-il n'avoir point
d'imitateur, même dans la ſuppoſition impoſſible où
il n'y auroit ni religion, ni loix. Cet ouvrage met
dans tout ſon jour la maxime profonde de l'illuſtre
Auteur des *Conſidérations ſur les Mœurs*, *que tout
crime eſt un faux jugement, parce qu'il retombe toujours
ſur ſon auteur.* Vérité précieuſe, qui bien compriſe,
feroit de tous les hommes un peuple d'amis: vérité
qu'il appartenoit à un homme tel que M. du Boullay
de développer avec cette éloquence de ſentiment pour
laquelle la nature ne ceſſera jamais de reclamer contre
les tours ſpécieux, les faux brillans, les ornemens
affectés que certains Orateurs modernes voudroient
ſubſtituer à la parure ſimple & modeſte qui convient
à la reine des eſprits & des cœurs, à la Vérité. M. du
Boullay avoit l'idée, le ſentiment & la pratique de la

---

que fit M. du Boullay ſur le Drame du Comte de Comminges par
M. d'Arnaud. [Regiſtre des Belles-Lettres, in-fol. pages 16 ,
161, 162, 163] Sa lettre à M. de la Harpe ſur ſon poëme de
la Délivrance de Salerne, couronné à l'Académie de Rouen,
[pages 175, 176, 177, 178, 179, 180, du même regiſtre],
les Obſervations relatives au Poëme ſur la Peinture par M.
Breant, Aſſocié titulaire, lequel ſera toujours imprimé trop
tard, au gré des ames ſenſibles aux vraies beautés des Arts.
[Voyez même regiſtre, pages 39, 44, 59, 67, &c.

véritable éloquence. Il la comparoit souvent à une Princesse, dont l'heureux partage est d'inspirer par un air noble sans affectation l'amour, l'admiration & le respect. Son goût étoit aussi pur & aussi simple que ses mœurs: & c'est l'histoire de son ame qu'il a écrite sans y penser dans un discours qui porte le titre modeste de *Réflexions sur l'influence réciproque des mœurs sur le goût & du goût sur les mœurs.* Discussion lumineuse de la nature & des effets du goût & de l'instinct moral; rapport & comparaison de ces facultés absolument semblables dans leur état sain ou corrompu; dépérissement du goût toujours en proportion avec celui des mœurs; description forte & vraie des effets du luxe, qui multipliant à l'excès les besoins factices, détourne de leur véritable objet l'émulation & la honte, & détruit ce sentiment moral gravé dans nos cœurs par la Divinité même: telle est la marche de ce discours vraiment philosophique par le fond des choses, vraiment intéressant par les détails. On y retrouve encore cette éloquence de *sentiment* dont je ne me lasse pont de parler, parce que je ne me lasse point de la sentir. On y voit que l'Auteur s'écartant également des deux extrêmes, suit constamment la route moyenne qui paroît être celle de la vérité, comme elle est celle de la vertu. Il ne prouve point que les sciences & les arts ne font propres qu'à corrompre les mœurs; il n'assure point que la vertu est toujours la suite de l'amour des lettres. Il assigne aux mœurs & aux sciences ce principe d'*action* & de *réaction* qui paroît être le secret de la nature en morale comme en physique. C'est peut-être la solution la plus heureuse qu'il soit possible de donner du fameux problême moral qui a exercé tant de plumes illustres.

A ses autres talens, M. du Boullay joignoit celui de la Poësie; mais en parlant ce langage noble & sublime que les Poëtes ont appellé le *langage des Dieux,* il voulut le ramener à sa véritable origine, ou du moins le consacrer à son plus noble usage, à l'éloge de la vertu, à l'instruction des hommes. Il commença à mettre en Odes les points fondamentaux de la Mo-

Lu à la Séance publique de l'Académie, en 1763.

Odes morales, au nombre de six.

rale, ceux qui importent le plus au bonheur & au re-
pos public. Entreprife fans doute auffi nouvelle, que
difficile & intéreffante, par laquelle, » à la faveur de
» la magnificence des images, de la chaleur des fenti-
» mens, de l'harmonie des vers, il donnoit de la vie
» & du mouvement aux préceptes froids de la raifon,
» & par-là les rendoit propres à la multitude qui ne
» connoît guéres d'autres preuves, que celles qui agif-
» fent fur fes fens, & affectent fon imagination. « [a]

Si l'enthoufiafme, qui n'eft fans doute que ce génie, ce fentiment, cette expreffion fublimes dont
parle Horace, fait le caractere diftinctif de l'Ode,
comme on ne peut le nier : fi d'un autre côté, l'Ode
philofophique & morale demande un raifonnement
fort & précis, fans obfcurité, une marche méthodi-
que fans lenteur ; fi en un mot elle veut que le Poëte
ait l'art de réunir les fleurs & les fruits, le plaifir &
la raifon ; qui étoit plus capable que M. du Boullay,
de remplir ces vues, lui dont la fenfibilité, l'imagination & le jugement étoient toujours dans un jufte
& parfait accord? Il avoit fenti l'objection qu'on pouvoit faire contre cette efpece de cours de Morale en
Odes. Il connoiffoit la tyrannie de notre goût factice
qui paroît avoir profcrit, peut-être à caufe de fa difficulté, le genre fublime & vraiment poëtique de Mal-
herbe & de Rouffeau, pour tourner tout du côté d'u-
ne Philofophie froide & compaffée. Les véritables con-
noiffeurs auxquels il communiqua fon projet, exci-
terent fon courage, & ils fentirent qu'il y avoit dans
quelques ftrophes de ces Odes plus de vraie Philofophie, que dans ces longues Epîtres en vers, auxquel-
les on paroît vouloir facrifier tout autre genre de Poëfie. On fe rappelle fans doute ici une partie des beautés de ces pieces, lues aux Séances publiques de
l'Académie, & le fentiment plus encore que le fouve-

---

[a] Expreffions de M. du Boullay dans une lettre à Madame
du Bocage, du 21 Mars 1767. Regiftre des Belles-Lettres de
l'Académie de Rouen.

nir.

nir en eſt reſté dans les cœurs vertueux, pour leſquels elles étoient faites. Nous regretterons toujours que M. du Boullay n'ait pu exécuter entiérement ſon deſ-ſein; & nous jouiſſons avec autant de plaiſir que de reconnoiſſance des ſix Odes morales, dont les ſujets ſont *l'amour de la Patrie,* [a] *les avantages & les abus de la Société Civile,* [b] *les avantages du Gouverne-ment Monarchique héréditaire,* [c] *la néceſſité & les caractères de la Religion, conſidérée par ſon influence ſur le bonheur de l'homme & le maintien de la ſociété,* [d] *les caractères & les effets de l'honneur,* [e] *les fonctions de la Magiſtrature* [f]. Cette dernière Ode qui fut lue à la Séance de l'Académie du mois d'Août dernier, eſt l'expreſſion fidele des ſentimens & de la conduite de M. du Boullay. Il les méditoit depuis long-tems ces devoirs auguſtes. En cultivant dans ſon cœur pendant plu-ſieurs années les qualités du Citoyen & de l'homme de Lettres, il s'étoit préparé aux fonctions ſublimes de la Magiſtrature. Ce ne fut qu'en 1760 qu'il devint Con-ſeiller-Maître en la Cour des Comptes, Aydes & Finan-ces de cette Province, après la mort de M. de Tour-ville, ſon beau-frere. La vertu ſeule lui ouvrit le ſanc-tuaire de la juſtice. Il penſoit qu'il eſt un très-petit nombre d'hommes illuſtres auxquels il ſoit permis de n'être que gens de Lettres, & il avoit la modeſtie de s'exclure de cette claſſe diſtinguée qui peut borner ſes travaux à éclairer l'univers par ſes écrits. Il ſentoit l'é-tendue immenſe de nos devoirs & de nos obligations envers la Patrie. Ce ſyſtême, devenu ſi commun, de ſuivre ſes goûts, de vivre pour ſoi, de jouir dans une douce oiſiveté du fruit des travaux de ſes ſemblables, lui paroiſſoit une ingratitude monſtrueuſe, qui ne put trouver place dans ſon cœur noble & reconnoiſ-

M. du Boul-lay conſidéré comme Ma-giſtrat.

---

[a] Lue à la Séance publique de 1765.
[b] Séance publique de 1767.
[c] Séance publique de 1767.
[d] Lue à la Séance publique de 1768.
[e] Séance publique de 1768.
[f] Séance publique de 1769.

D

fant. Pour s'acquitter envers la société, il lui confacra fes talens & fa vie. Il envifagea les fonctions de la Magiftrature fous ce point de vue, feul digne de lui; & s'il ne les embraffa pas plutôt, ce ne fut point le defir, ce fut l'occafion qui lui manqua. Dès l'inftant il jura que les Lettres n'auroient plus que le fecond rang dans fon cœur & dans fes occupations. Il devint d'une façon fpéciale le dépofitaire & le Miniftre des Loix, le protecteur de l'innocence, le vengeur du crime, le confervateur de l'ordre, le médiateur entre les peuples & leur maître. Qui jamais a rempli avec plus d'exactitude, avec plus de zèle, avec plus de droiture que M. du B. toute l'étendue des devoirs qu'impofent ces différens titres? Son éloge à cet égard doit être prononcé par un Magiftrat Orateur, (g) témoin de fes travaux & digne de les apprécier. Mais qu'eft-il befoin d'éloge fur cette partie? Il eft dans le cœur des malheureux qu'il a foulagés, dans les travaux de toute efpece qu'il a entrepris pour la compagnie fupérieure à laquelle il étoit fi cher & fi précieux. Il eft fur-tout dans ces différentes Remontrances, dont quelques-unes ont paru, un prodige de travail & de fagacité aux perfonnes les plus confommées dans ce genre de connoiffances, dans ces Remontrances qui toutes pafferont à la poftérité comme un monument rare, où fe trouvent alliés le refpect pour la vérité avec celui qui eft dû au Souverain, l'impartialité avec la décence, la force des raifons avec la retenue dans les termes, le fentiment le plus tendre & le plus vif fur les miferes des peuples, avec les reffources les plus efficaces pour les foulager (h).

Remontrances au Roi, compofées par M. du Boullay.

---

[g] M. de Maquerville, premier Avocat Général en la Cour des Comptes, Aides & Finances de Normandie, Maire de la ville de Rouen, Académicien titulaire.

[h] Ceux qui ont lu les Remontrances dont je parle, fçavent fi j'exagere, & fi peut-être au contraire je ne refte pas au deffous de ce qu'on pouvoit dire fur ces ouvrages refpectables, entrepris pour le bonheur & le foulagement des peuples. Je joindrai ici la notice de celles de ces Remontrances que je connois.

1. Remontrances au Roi par la Cour des Comptes, Aides

Tant de vertus & de qualités engagerent les différens Corps de cette Province à s'associer un Citoyen si distingué.

Sur la fin de 1760 il fut question d'établir à Rouen une Société d'Agriculture, ainsi qu'il avoit été fait en plusieurs autres Généralités. M. du Boullay, toujours occupé de ce qui pouvoit contribuer à la gloire de l'Académie, tâcha d'empêcher que ce premier des Arts, le plus nécessaire de tous, ne fût démembré de cette Compagnie, qui en renferme la totalité. (*i*) Différentes circonstances l'empêcherent de réussir ; mais du moins son goût pour les occupations champêtres, & ses connoissances en ce genre lui méritoient une place dans cette Société nouvelle, & il en obtint une, sans l'avoir sollicitée que par son mérite. Ce goût pour la campagne est ordinairement le premier & le dernier des ames sensibles & méditatives, de ces ames qui, tenant encore à la nature, en goûtent les faveurs à peu de frais, ou de celles, qui, lasses de s'en être éloignées, s'en rapprochent par le sentiment & la réflexion. Ce goût naturel, ignoré, méconnu, méprisé même par les hommes, que dévorent l'ambition ou l'intérêt, de-

M. du Boullay, Membre de la Société royale d'Agriculture.

Goût de M. du Boullay pour la campagne.

& Finances de Normandie, arrêtées le 23 Décembre 1763, in-12 de 24 pages.

2 . Un volume in-12 de 90 pages, contenant différentes Remontrances de la même Cour au Roi. 1. Itératives Remontrances, arrêtées le 1 Mars 1766. Ces Remontrances sont accompagnées de quatre grandes Tables qui ont exigé un travail immense, & sur-tout très-pénible à une ame sensible. 2. Remontrances, arrêtées le 9 Mai 1767, sur la Déclaration du 27 Février 1766, qui prescrit les formes & les délais des Comptes, pour les impositions des années 1762, 1763, 1764 & 1765.

3 . Remontrances de la même Cour au Roi sur les nouveaux projets de la répartition de la taille (arrêtées en Juillet 1768) in-12 de 42 pages.

4 . Lettre de la même Cour au Roi (arrêtée le 30 Septembre 1768) sur la Déclaration du 14 Août 1768, portant Réglement pour la répartition de la Taille, in-12 de 47 pages.

[*i*] On trouve dans le Registre des Belles-Lettres, page 99 & suivantes, un Discours de M. du Boullay, relatif à cet objet. Voyez aussi la Séance du premier Juillet 1761, à laquelle assista M. de Brou, Intendant de la Généralité.

voit être, & étoit réellement celui de M. du B. Tous ses parens, tous ses amis sçavent jusqu'à quel point il le portoit. *C'est-là*, me disoit-il dans ses lettres (*k*), que je conserverai toute ma vie, comme un monument simple, mais précieux, érigé à l'amitié, à la raison, à la vertu : » c'est-là que la paix est en quelque sorte » palpable ; on la touche, on la respire, on la sent ; » elle entre par toutes les portes de l'ame, pourvu ce- » pendant que cette ame soit douce & honnête «, &c.

Tels étoient ses sentimens ; aussi n'y avoit-il que le motif supérieur de remplir ses devoirs, qui pût le rappeller à la ville, & il faut avouer qu'il ne quittoit jamais qu'avec regret & avec peine un séjour charmant, l'objet de ses soins & de ses complaisances, où tous les biens physiques & moraux se réunissoient pour lui, où le juste emploi qu'il sçavoit faire du temps, empêchoit toujours la douce paix de devenir un ennui triste & sombre, où son ame goûtoit sans mélange & sans distraction cette volupté pure, attachée par Dieu même aux nœuds de la nature & de la sainte amitié.

M. du Boullay regretté par les habitans du village, dont il étoit Seigneur. Combien il en étoit aimé, & combien il les aimoit.

* O vous, habitans d'un pays, où il s'efforçoit de porter le bonheur, où il présentoit souvent le spectacle efficace de la bienfaisance & de la vertu, où par les travaux utiles qu'il faisoit exécuter sur-tout dans les temps de calamité publique, il rappelloit la vie dans des corps affoiblis par la misere, & la consolation dans des ames flétries par le chagrin ; quelle perte vous avez faite ! aussi vos cœurs simples, droits & reconnoissans, se sont-ils attendris sur sa mort. Vous eussiez voulu prolonger ses jours aux dépens de ce que vous avez de plus cher ; vous l'avez exprimé dans cette langue de la nature qui peint le cœur tel qu'il est, & qu'ignorent ceux qui ont le malheur de sçavoir ré-

[*k*] Lettre du 21 Mai 1769.

* Je me flate qu'on ne blâmera pas cette apostrophe échappée au sentiment, & que semble interdire un Eloge historique.

duire l'ingratitude en fyftême (*l*); vous avez offert des vœux pour lui, en reconnoiſſance de ceux qu'il faiſoit pour votre bonheur. Il n'a jamais ceſſé de s'en occuper, mais apprenez-le, & que vos regrets en augmentent, s'il eſt poſſible; il ne s'en occupoit pas encore aſſez, au gré de ſes inclinations; il auroit preſqu'entierement fixé ſon ſéjour parmi vous, lorſque ſon ame, difficile à ſe contenter elle - même ſur ce qu'on doit à la ſociété, auroit acquitté la dette de Citoyen; lorſqu'il auroit cru avoir acquis le droit de ſuivre uniquement ſes goûts, ceux de l'Agriculture & des Lettres; lorſqu'il auroit pû dire à ſes Concitoyens, *Je vous rends un autre moi-même, que j'ai tâché d'inſtruire dans l'art d'aimer & de ſervir ſes ſemblables.*

C'eſt alors qu'il auroit paſſé des jours tranquilles dans un lieu embelli, créé, pour ainſi dire, par lui-même, dans un lieu d'autant plus cher à ſon cœur reconnoiſſant, qu'il y avoit éprouvé en 1757 un trait bien frappant de la Providence (*m*). C'eſt alors que cette médiocrité d'*or*, dont parle Horace, une ſituation auſſi éloignée du faſte que du beſoin, une ſociété douce ſans prétentions, comme ſans apprêt, des ſoins legers & agréables, des travaux conſtans, mais variés ; c'eſt alors en un mot que la ſanté du corps, la paix de l'ame, fruit précieux d'une vie tranquille & occupée, euſſent rendu ſon bonheur auſſi pur que l'air qu'il eût reſpiré.

[*l*] En Décembre 1769, M. le Chevalier de Lezeau paſſant par le Boullay, rencontra un Païſan de cette Paroiſſe, auquel il dit : *Eh bien, vous avez donc perdu votre Seigneur !* Hélas! oui, Monſieur, lui dit-il, *Je ne ſuis pas riche ; mais je donnerois une partie de ce que j'ai, pour qu'il vécût encore, & aſſurément je ne ſuis pas le ſeul.*

[*m*] Quand ce trait ne regarderoit pas un homme qui a des droits bien acquis ſur les cœurs ſenſibles, il intéreſſe l'humanité : il va la chercher, pour ainſi dire, au fond des entrailles les plus endurcies. Il peut donc être conſigné dans un ouvrage public. Il eſt preſque ſemblable au fait qui eſt rapporté dans un des Journaux Encyclopédiques de l'année 1769. Je me ſervi-

Il ne faut pas croire cependant que M. du Boullay
fût capable de vouloir rompre tous les liens qui l'atta-
choient à la Société en général, & en particulier aux
differens Corps de la ville qui l'avoit vu naître. La fenfibilité & la raifon faifoient la bafe de fon caractere;
& s'il commençoit par fentir fes devoirs & fes plaifirs, il finiffoit toujours par les raifonner, avant de

---

rai, pour le raconter, à peu-près des propres paroles de M. du
Boullay lui-même, dans un Journal écrit de fa main.

» Le 8 Juillet 1757 eft un jour à jamais mémorable pour moi.
» J'étois au Boullay couché dans une falle baffe ; à fept heures
» du matin je fus réveillé par un craquement affez confidérable.
» J'examinai quelle pouvoit en être la caufe ; dans le moment
» un fecond craquement plus fort fuccéda au premier. Je me
» difpofois à fortir, lorfque je vis le fommier qui étoit fur ma
» tête fe rompre, & le plancher tomber. Je crus être arrivé au
» dernier moment, je confervai cependant une forte de pré-
» fence d'efprit, & n'ayant pas le temps de chercher mon falut
» dans la fuite, je me tournai promptement la bouche en bas &
» les mains devant ma tête : je fentis auffi-tôt un poids immenfe
» qui m'accabloit, fans cependant m'écrafer ni me bleffer. Alors
» je fis quelques efforts inutiles, je criai au fecours, & j'enten-
» dis, au bout de quelques minutes, qu'on travailloit au def-
» fus de moi. J'encourageois les travailleurs, le plus qu'il m'é-
» toit poffible, je leur criois que je n'avois rien. Je ne fçai pré-
» cifément combien de temps je paffai dans cette horrible fitua-
» tion, j'y fus au moins une heure, au bout de laquelle j'avois
» perdu toute efpérance. L'air me manquoit, & je penfois que
» j'allois être étouffé, lorfque je fentis une main qui me délivroit
» & me rendoit à la lumiere. C'étoit celle d'Edeline, mon gar-
» de, que j'embraffai de toute mon ame. On fut encore une de-
» mi-heure à me dégager le refte du corps. Enfin je me levai
» fain & fauf, au grand étonnement de tous les affiftans, qui
» étoient touchés jufqu'aux larmes. Je ne puis mieux comparer
» mon état dans ce moment qu'à celui de Lazare, fortant du
» tombeau, à la parole impérieufe du Sauveur des hommes.
» J'effayerois en vain d'exprimer l'état de mon ame au moment
» de la chûte du plancher, & à celui où je me fentis délivré.
» Mon premier fentiment fut celui de la reconnoiffance pour
» mes libérateurs, je les embraffai tous tendrement, & je mê-
» lai mes larmes avec celles qu'ils verfoient en abondance. Ede-
» line, mon garde, & Perier, mon domeftique, avoient tra-
» vaillé pendant plus d'une heure avec leurs mains, ne fça-
» chant précifément où je pouvois être. M. le Curé, malgré
» fon faififfement inexprimable, avoit envoyé chercher un Me-
» decin & un Chirurgien. Le Chirurgien arriva d'abord. Il me

s'y livrer. De-là ce projet enfanté par l'amour des
Lettres & de la vertu. Il l'a dit souvent : Dans cet
âge, où il est permis au meilleur Citoyen d'être
entierement à soi, il auroit tâché d'étendre parmi
nous le goût des Lettres, dont les effets naturels
sont de donner le bonheur, en excluant l'esprit
d'intrigue, d'ambition & d'intérêt. Le temps qu'il
eût passé chaque année dans cette ville, il vou-
loit le consacrer à des conférences régulieres sur
les différentes parties de la Littérature, & c'est ainsi
encore que sa vieillesse entourée d'amis fideles, de
cœurs contens, eût été le soir d'un beau jour.

M. du Boul-
lay projette
des conféren-
ces Littérai-
res.

La réputation bien méritée, dont jouissoit M. du
Boullay, lui avoit procuré une place dans la Société
d'Agriculture. La même cause lui ouvrit l'entrée
de l'Académie de l'Immaculée Conception de la Ste
Vierge. Il y fut admis en 1764; il l'a toujours servie
avec zele par son assiduité, par ses conseils, par sa
sagesse, par ses lumieres, & il a particulierement
contribué aux Réglemens arrêtés pendant le cours
de la présente année. Le 16 Juin dernier, l'A-

M. du Boul-
lay, Acadé-
micien Ju-
ge-né de l'A-
cadémie de
l'Immaculée
Conception
de la Sainte
Vierge.

» seigna, & l'émotion du poulx se calma. La nouvelle de cet
» évenement extraordinaire se répandit aussi-tôt dans le canton.
» Un moment après que j'eus été seigné, je vis arriver le cher
» ami, mon ancien condisciple M. de la Coudrelle. Il fut quel-
» que temps sans pouvoir parler, tant il avoit le cœur serré.
» Enfin il me proposa avec le ton de l'amitié de me faire
» transporter chez lui, à Evreux. J'acceptai avec reconnoissance
» la proposition qu'il me faisoit, & je fus mené très-doucement
» dans ma voiture par les chevaux de M. d'Irville, [Lieutenant-
» Général d'Evreux, frere de M. de la Coudrelle] Il ne me
» restoit d'autre mal qu'une difficulté douloureuse à me remuer.
» Ces douleurs diminuerent sensiblement en peu de jours, &
» dès le Dimanche 10 Juillet, je fus en état d'aller à la Messe
» sans secours. Les bains que je pris pendant trois jours acheve-
» rent de me rendre une parfaite santé, & au bout de huit jours,
» je quittai mes amis, pénétré de reconnoissance pour toutes
» les marques d'attachement & de sensibilité que j'en avois
» reçues Je revins au Boullay le Jeudi 14 Juillet. En revoyant
» la maison où j'avois pensé perdre la vie & les signes de
» joie que me donnerent les habitans de la Paroisse, j'éprou-
» vai un sentiment vif que je voudrois en vain exprimer. Le Di-
» manche 17 Juillet, M. le Curé, excité par son amitié pour

cadémie, au nom de laquelle j'ai l'honneur de parler, le déclara Juge-né, elle crut lui devoir cette diftinction, & par confidération perfonnelle, & pour la place de Secrétaire des Belles-Lettres qu'il occupoit. Enfin l'Académie Royale des Belles-Lettres de Caen l'élut Académicien affocié le 12 Février 1767. Il eft inutile de répéter davantage ce qui lui valut cette diftinction; mais du moins il eft jufte de remarquer qu'il s'oublioit lui-même dans l'honneur qui lui en revenoit, pour ne penfer qu'à l'utilité, dont pouvoit être aux Lettres un canal de communication, établi entre les deux Corps de cette Province deftinés à étendre les bornes des connoiffances humaines (*n*).

Un Auteur célebre a dit avec raifon que *la vie d'un homme de Lettres eft dans fes écrits.* M. du Boullay méritoit ce titre augufte; & j'ai cru devoir au Public l'hiftoire de fes ouvrages; mais quoique j'en aie parlé affez au long, on fe tromperoit fans doute, fi l'on penfoit que je n'en ai omis aucuns. Que d'extraits pour les mémoires de l'Académie; que de lettres fçavantes, relatives à cette Compagnie, dont on peut dire qu'il étoit l'ame dans fa partie; que de pieces fugitives en vers & en profe; que d'analyfes; que d'ouvrages commencés, projettés, ébauchés, & que les devoirs de Magiftrat,

M. du Boullay, Affocié de l'Académie de Caen.

Idée des Ouvrages de M. du Boullay, dont il n'a point été fait mention.

» moi & par les prieres des Paroiffiens, chanta un *Te Deum*,
» en actions de graces. Les habitans du Boullay firent un feu de
» joie accompagné de la décharge de la moufqueterie du pays. Je
» leur témoignai ma reconnoiffance, le mieux qu'il me fut poffible, & je dînai fous les arbres avec M. le Curé. Je puis dire
» que je goûtai alors les deux plus grands plaifirs qu'on puiffe
» goûter dans la vie, celui de renaître en quelque forte, & celui d'éprouver que j'étois aimé. Je n'oublierai jamais la bonté
» divine qui m'a préfervé d'un fi affreux danger. Accablé fous
» le poids énorme de deux planchers couverts de vuidanges &
» de tuiles, c'eft après Dieu, au refend du corridor qui étoit
» derriere mon lit, que je dois mon falut. Ce refend qui a été
» écrafé à fon tour, a d'abord foutenu en partie la chûte des folives, qui font tombées doucement & en grattant la muraille«.

(*n*) Voyez dans le regiftre des Belles-Lettres de l'Académie de Rouen, pages 199 & 200, la lettre de remerciment de M. du Boullay à l'Académie de Caen, datée du 17 Février 1767.

Magiftrat, de pere, de tuteur, de fils, d'ami, l'a-
voient obligé d'interrompre, & même d'abandonner !.
(a) Ces devoirs de la nature & de la fociété, il les rem-

[a] Nous indiquerons ces ouvrages en peu de mots. Cette in-
dication fera une nouvelle preuve que M. dü Boullay fçavoit à
fond le grand art de l'emploi du temps.

1 . *Ouvrages relatifs à la Religion.* Il en avoit fait une étude
réfléchie. L'Écriture-Sainte lui étoit familiere; il la citoit fouvent , & toujours avec goût & avec juftefle. On a trouvé dans
fes papiers une analyfe des Diflertations de Dom Calmet avec
des réflexions, quelques remarques fur différens endroits de la
Bible , &c.

2. *Extraits pour les mémoires de l'Académie de Rouen , ou
autres ouvrages lus à cette Compagnie , dont on n'a point encore fait mention.* 1. Mémoire pour prouver la néceffité , la pof-
fibilité & l'agrément du projet de bâtir une ferre & deux pavil-
lons au jardin des plantes de l'Académie , lu à la Séance du
31 Mai 1758. Ce projet exécuté eft un des ornemens utiles de la
ville de Rouen. 2. Eloge du Comte de Saxe, lu à l'Académie
le 14 Novembre 1759. 3. Extrait d'un mémoire fur la poëfie
Lyrique , de M. Auger , Curé de Tôtes , affocié , lu le 24 Novembre 1762 , & approuvé pour la collection. 4. Extrait d'un
difcours de M. l'Abbé Guérin fur l'origine & les droits de la
Souveraineté , lequel a été lu à l'Académie le 7 Décembre 1763.
5. Difcours de M. du Boullay à M. le Duc d'Harcourt, Gou-
verneur de la Province & protecteur de l'Académie , préfent à
la Séance publique de 1764. Ce difcours configné dans les regiftres , eft plein d'énergie, de fentiment, d'honnêteté & de juftice.
6. Plufieurs Séances de Janvier & de Février 1765 furent occu-
pées par la lecture de l'extrait fait par M. du Boullay de la phy-
fiologie , ou traité des fens de M. le Cat : cet extrait eft deftiné
à entrer dans la collection des mémoires. 8. Le 3 Juillet 1765, lecture d'un extrait d'un mémoire de M. Beyer, affocié, intitulé
Doutes fur les écrits des anciens Philofophes. 9. Le 28 Janvier
1766 , difcours de M. du Boullay à l'Académie , avant la célé-
bration du Service qu'elle fit célébrer pour feu M. le Dauphin :
le même jour, lecture d'une Ode intitulée *Vœux pour la confer-
vation du Roi.* Cette Ode fut envoyée avec le Difcours, par ordre de l'Académie , qui y trouva fes fentimens exprimés d'une
façon digne d'elle , à M. le Duc de Harcourt & à M. Bertin,
Secrétaire d'Etat dans le Département duquel fe trouve la Normandie. 10. Notice du Paradis perdu par Madame du Bocage,
affociée libre de l'Académie. La notice de ce poëme dédié à l'Académie y a été lue le 23 Avril 1766 , & admife pour la collection.
11 Extrait d'une diflertation fur la nature du pouvoir de Jupi-
ter fur les Parques par M. Beyer. 12. Le 27 Juillet 1768 , lecture à l'Académie d'une comparaifon fuivie de deux concurrens,

plissoit avec l'exactitude la plus scrupuleuse. Fils respectueux & attaché, il laissoit rarement passer un seul jour, sans rendre aux auteurs de sa vie les soins les plus tendres & les plus affectueux. Leur âge, leurs infirmités les lui rendoient encore plus intéressans & plus chers, & si la surdité dont il étoit affligé comme eux, *sans en être plus malheureux pour cela*, comme il le disoit lui-même (b), rendoit souvent leurs conversations muettes, elles avoient toujours l'énergie & l'éloquence de la nature, indépendantes de tous les signes arbitraires inventés par les hommes.

Porté par la tendresse naturelle de son cœur, & par ses principes de vertu, à l'union qui, suivant l'expression du premier des Livres, de deux personnes n'en fait qu'une, il étoit impossible qu'il suivît le goût de nos jours, produit par le luxe, & qui semble attacher exclusivement le bonheur aux richesses. La vertu & la douceur du caractere pouvoient seules déterminer son choix (c), & l'ont en effet déterminé dans les deux unions qu'il a formées.

Il épousa en premieres noces vers le mois d'Octobre 1758 Noble Dame Marguerite-Madeleine-Constance Pellard, qui n'étoit alors âgée que de seize ans. Il

Premier mariage de M. du Boullay.

qui seuls ont balancé les suffrages des Commissaires sur l'Eloge de P. Corneille, Sujet du prix de 1768. Tous ces ouvrages & plusieurs autres que je ne cite point, prouvent clairement que les obstacles qui jusques ici se sont opposés à la publication des mémoires de l'Académie, ne sont pas venus de M. du Boullay.

3. Pieces fugitives en vers, en grand nombre, où l'on retrouve toujours ce *molle atque facetum* qui fait l'agrément des pieces de société : différens cannevas d'ouvrages littéraires & philosophiques : Deux Comédies en prose, projet d'Eloge de Charles V, Roi de France ; différens extraits relatifs à l'histoire de Normandie, &c, &c, &c.

(b) Lettre à M. d'Epremesnil, Avocat du Roi au Châtelet, en lui envoyant l'éloge de M. son pere, Registre des Belles-Lettres, page 223.

[c] J'ai lu dans un Journal écrit de la main de M. du Boullay, ces paroles, sur une proposition de se marier qui lui fut faite en 1754 : *Je ne suis pas dans le cas de me marier encore si-tôt, & ce ne sera point, je crois, à une personne inconnue.*

avoit contribué lui-même à l'éducation qui convenoit à fon fexe, en compofant pour elle différens traités de la Sphere, de Géographie, de Poëtique, d'Hiftoire, dont quelques-uns reftent encore, & où regne la plus grande clarté, l'ame de toute inftruction. Il avoit uni fes foins à ceux d'une mere tendre, connuë pour joindre les graces de fon fexe à la folidité qu'on attribue communément au nôtre; & fes foins réunis fur un fond riche, formerent une époufe digne du Confrere que nous regrettons. Il la perdit dès le mois d'Août 1759. Elle mourut après lui avoir laiffé un gage précieux de fon amour. Ce coup terrible accabla ce mari tendre, cet ami fincere. Peut-être même dès ce moment les principes de la vie s'altererent-ils effentiellement chez lui. Ce qu'il y a de conftant, c'eft que depuis cette époque funefte, il n'a jamais recouvré cet extérieur qui annonçoit la fanté la plus robufte. Pour fe faire une idée de la vivacité de fa douleur, il faudroit avoir connu fon ame toute entiere. Elle va fe peindre elle-même, cette ame noble & fenfible. Tout ce que je pourrois en dire, eft au-deffous du fentiment qu'en donnera la lecture d'une Elégie, dans le vrai goût du genre, que ce digne époux fit fur la mort de l'époufe qu'il venoit de perdre.

LA MORT
DE CONSTANCE.

ÉLÉGIE.

Elégie de M. du Boullay fur la mort de fa premiere femme, comme preuve de la nobleffe & de la fenfibilité de fon ame.

O Ciel, c'en eft donc fait ! la mort, la mort barbare,
Chere Conftance, hélas ! pour jamais nous fépare.
Mon bonheur eft détruit, & les deftins cruels
Livrent mes triftes jours à des pleurs éternels.
Quoi ! cet aimable front, thrône de la fageffe,
Où regnoient la candeur, les graces, la jeuneffe,

Ces yeux brillants & doux, dont le regard flateur
Inspiroit le respect, attendrissoit le cœur;
Cet assemblage heureux des fleurs que font éclore
Les baisers de l'amour, las larmes de l'aurore,
Et des fruits plus tardifs, dont l'utile moisson
Du départ du Printems console la raison;
Ce cœur né tendre & fier, pour d'autres inflexible,
Que l'amour pour moi seul avoit rendu sensible; . . . . .
De la nature avare, ô funestes bienfaits!
Courte félicité, je vous perds pour jamais!
Pour jamais, chere épouse! . . . ah! j'abhorre la vie
Et la clarté du jour que le sort t'a ravie.
Ce monde où tu n'es plus, n'est qu'un séjour d'horreur,
Une affreuse prison où regne la douleur.
Tout est fini pour moi . . . la flatteuse espérance,
Qui des infortunés ranime la constance
Par ses songes charmans, par ses douces erreurs
Ne viendra point tarir la source de mes pleurs.
Ah! si du moins la mort cruelle, impitoyable,
Aux dépens de mes jours, cessoit d'être implacable;
Si de ce qu'il m'en reste, il falloit acquérir
Le plaisir de te voir, t'embrasser & mourir;
Avec quels doux transports, quelle vive allégresse
Tu verrois ton époux, digne de ta tendresse,
Sacrifier pour toi des jours infortunés!
Ces jours qu'à ton bonheur il croyoit destinés.
Fausses illusions! Cris vains & superflus!
Inutiles regrets que ton cœur n'entend plus!
Tu ne les entends plus! Se peut-il que ta cendre,
Triste reste d'un cœur si sensible & si tendre,
Ne s'émeuve à mes cris jusqu'au fond du tombeau?
Cet esprit immortel, ce céleste flambeau,
Ce rayon émané des sources de lumiere,
Ce feu qui chez les morts survit à la matiere,
Du séjour éclatant des Palais éternels
Daigne-t-il écouter les plaintes des mortels?
Oui, je sens dans mon cœur renaître le courage.
Une invisible main dissipe le nuage,
Qui nous cache ici-bas cet éclat glorieux,
Qu'à l'auguste vertu gardent les justes Dieux.]

Je te vois, chere épouse : oui c'est toi, c'est toi-même :
Ton front est couronné d'un brillant diadême.
Au-dessus des revers, au-dessus des destins ;
Des vainqueurs de la mort la palme est dans tes mains.
Tes beaux cheveux, hélas ! tels que pendant ta vie,
Flottent, au gré des vents, parfumés d'ambroisie.
D'un vol prompt & leger parcourant l'univers,
Les rayons de ta gloire embellissent les airs.
Sur ton visage est peinte une joie immortelle,
L'inaltérable paix, la jeunesse éternelle.
De mes gémissemens tes yeux sont attendris,
Ton cœur, qui m'aime encor, est sensible à mes cris.
Appaise, me dis-tu, cette sombre tristesse :
Cher époux, tu devois des pleurs à ma tendresse ;
Mais de ton désespoir les transports furieux
Troubleroient mon bonheur, offenseroient les Dieux.
La terre est un exil ; je suis dans la Patrie,
Où la vertu reçoit la véritable vie.
C'est-là que je t'attends, c'est-là que pour jamais
Nos cœurs seront unis, & nos vœux satisfaits.
Au printems de mes jours la mort m'a moissonnée ;
Mais quel que soit des tiens l'obscure destinée,
Je ne t'ai prévenu que de quelques instans :
Les siecles, à mes yeux, ne sont que des momens.
Adieu, mérite un jour de partager ma gloire :
Aime-moi dans mon fils, & chéris ma mémoire.
A ces mots, dans mes bras je la veux retenir ;
A cette ombre si chere en vain je veux m'unir :
Elle échappe ; & traçant un sillon de lumiere,
Loin de mes foibles yeux, fuit d'une aîle legere.
Oui je vivrai, chere ombre, à tes ordres soumis,
Dans cet exil affreux je vivrai pour ton fils.
Toi, du plus tendre amour cher & funeste gage,
D'une épouse adorée attendrissante image,
Cher enfant, seul soutien de mes jours malheureux,
Puisse ta destinée un jour remplir mes vœux !
Par l'amour des vertus rappelle-moi ta mere,
Par tes heureux talens sois l'honneur de ton pere ;
De ton sensible cœur que les soins empressés
Me payent tous les pleurs que pour toi j'ai versés.

Il commençoit déja à répondre, cet aimable enfant, aux souhaits ardens, & aux soins multipliés du plus vertueux des peres. Quelle activité, quelle intelligence, quel goût, quelle tendresse, il mettoit dans l'éducation de ce fils chéri ! Il la regardoit comme un de ses principaux devoirs; & il eût cru manquer au titre respectable qu'il tenoit de la Nature, s'il n'eût rempli par lui-même les obligations qu'il impose. Sa raison & son cœur lui avoient dit que le pere est obligé d'instruire ses enfans, comme la mere de les allaiter; & que les malheurs des familles, dont on cherche en vain les premieres causes, n'en ont peut-être point d'autres que l'ignorance affectée de ce double devoir. Il sentoit que les leçons touchantes d'un pere, soutenues par ses exemples, seront toujours supérieures à ces préceptes tristes & froids, dispensés par un étranger, à qui la voix douce & puissante de la Nature ne se fait point entendre. Aussi les affaires les plus pressées, les plaisirs les plus attrayants, ceux même de l'amitié & des lettres qui avoient le plus de pouvoir sur M. du Boullay, ne l'ont jamais empêché d'employer chaque jour une portion considérable de son temps, pour faire germer dans le cœur de son fils les principes de la vertu, de la Religion, des différentes connoissances Littéraires & du bon goût. Il s'attachoit sur-tout à lui inspirer cette tendre humanité, cette bienfaisance générale, cet amour pour la vérité, pour la justice, qui animoient toutes ses actions; cette modestie, compagne & ornement de toutes ses vertus. Il lui apprenoit par son exemple & par ses leçons à n'étudier que pour être meilleur, à préférer toujours l'estime & la considération de ses concitoyens, qui sont le nécessaire de toute ame honnête, à cette renommée brillante & étendue, qu'on peut regarder comme le superflu du riche, qui possede sans jouir. Qui n'eût été attendri, à ce spectacle de vertu? Je l'avoue, j'en ai souvent versé des larmes de joie. De quel ton il lui parloit des devoirs de l'homme, du Citoyen, du Chrétien ! Quel respect il lui inspiroit pour les malheureux ! Comme il lui apprenoit par son exemple à les foulager, en les rendant plus laborieux, & par conféquent meilleurs! Comme il lui faifoit contracter la douce habitude de faire des heureux, de regarder tous les hommes comme fes freres & fes amis, pourvu qu'ils fuffent bons? Comme il le baignoit quelquefois des larmes de la nature (a)!

Des foins fi affidus & fi tendres ne pouvoient contenter M. du Boullay. Il voulut les multiplier en les partageant. Il fentit avec une forte d'étonnement qu'il pouvoit encore *renaître au bonheur*. Il fe détermina à procurer une nouvelle mere à fon fils, une mere qui pût prendre tous les fentimens de la véritable, & tromper, pour ainfi dire, la nature même. Il époufa en 1762 Dame Catherine le Vavaffeur, veuve de M. Georges de la Place, Négociant & ancien Adminiftrateur de l'Hôpital-Général de Rouen. Huit ans fe font paffés dans le charme de la fociété la plus douce. Une ame auffi faine que celle de M. du Boullay, étoit faite pour les agrémens de la vie domeftique. Homme de la nature, il ne connoiffoit point ces joies fauffes qu'on a fubftituées aux véritables; elles n'étoient à fes yeux que le fard du bonheur. Il ne voyoit dans ceux qui s'y livrent que des hommes, qui n'ayant que trop de raifons pour fe déplaire avec eux-mêmes, cherchent

Second mariage de M. du Boullay.

M. du Boullay heureux dans la vie domeftique.

(a) On verra fans doute avec plaifir l'Hiftoire des efpérances de M. du Boullay & des nôtres, exprimées dans fes propres paroles.» J'expliquois à mon fils »,dit ce pere aimable dans un Journal d'éducation, commencé en 1764, »les participes actifs & » paffifs, & je lui faifois fentir la différence entre *aimant* & *aimé*; je lui difois qu'on étoit quelquefois *aimant*, fans être *aimé*: le pauvre petit m'a dit avec une tendreffe & une candeur » charmantes: *ah mon cher petit papa, ce n'eft pas vous qui êtes » comme cela, car je vous aime de tout mon cœur* « Ceci fe difoit au mois de Décembre 1764, & l'enfant né le 29 Juillet 1759, n'avoit que cinq ans cinq mois.

En Février 1765, voici comme M. du Boullay s'exprimoit fur le compte de fon fils. » J'ai la confolation de voir en lui le » germe de toutes les vertus que je cherche à développer ; une » ame pleine de candeur, un cœur rempli de fenfibilité, & na- » turellement porté à goûter & à pratiquer tout ce qui eft bon & » honnête : (même Journal).

continuellement à s'en éloigner. M. du Boullay aimoit tout ce qu'il devoit aimer ; & ses plaifirs étoient toujours l'heureux réfultat de l'accompliffement de fes devoirs. *Que je fuis heureux* , difoit-il quelquefois à la fin de la journée, *j'ai rempli mes devoirs de Magiftrat, d'Académicien, de fils, de pere, & je fuis maintenant dans les bras de l'amitié ! Je ne crains qu'une chofe, c'eft d'étre ingrat envers l'Auteur de tant de biens. Que je fuis heureufe*, difoit elle-même celle qui partageoit fon bonheur ! *Ma priere naturelle, c'eft de remercier Dieu de m'avoir donné un tel mari.*

M. du Boullay né pour l'amitié.

Celui qui aimoit ainfi fes parens, fa patrie, fon enfant, fon époufe, devoit encore éprouver ce befoin délicieux de l'ame qui eft toujours *la paffion du fage.* Les agrémens fragiles de ces fociétés vagues & paffageres où l'étiquette & la vanité dominent, de ces liaifons polies, mais volages, qui, femblables à des fuperficies extrêmement liffes, coulent l'une fur l'autre à la plus légere impulfion, ne pouvoient contenter le cœur de M. du Boullay, fait pour fentir profondément les beautés folides d'une amitié conftante. S'il n'eût point eu d'amis finceres, il n'eût pu être heureux. Il en avoit fans doute, & pouvoit-il en manquer, puifqu'il refte encore de la vertu & de la fenfibilité fur la terre ?

Caractere & procédés de M. du Boullay, qui devoient lui faire beaucoup d'amis.

Un air intéreffant, parce qu'il étoit celui de la politeffe & de la modeftie ; une converfation douce, animée, folide, agréable & pleine de fentiment ; une exactitude fcrupuleufe à remplir, malgré fes occupations, les devoirs de la fociété, que négligent, fous le beau nom de Philofophie & de liberté, l'orgueil ou l'indifférence ; une antipathie marquée pour la raillerie, qui annonce plutôt un mauvais cœur qu'un efprit délicat ; une tendre inquiétude fur ce qui concernoit ceux qu'il aimoit ; tout en lui étoit propre à lui faire des amis dans tous les états. Si l'on me permet ici l'hiftoire de mon bonheur paffé, je dirai que je le fus d'une façon particuliere, & je prendrai la vérité à témoin, qu'elle feule a dicté cet Eloge. Je connus M. du Boullay peu de temps après que je fus fixé dans cette ville. Dès l'inftant un lien fecret, qui étoit

peut-être

peut-être celui de la vertu & des lettres, m'attacha à lui pour toujours: je tâchai de mériter fon amitié & fa confiance, en lui montrant l'envie que j'avois de les obtenir, & je réuffis. Je l'ai vue à découvert cette ame, vive image de fon Auteur: chaque jour m'y a montré de nouvelles perfections. Je l'ai vue heureufe, parce qu'elle contribua toujours au bonheur des autres; noble & grande, parce qu'elle fut vertueufe. Je l'ai vue livrée à l'amour des Lettres; mais leur préférant toujours les devoirs d'homme, de citoyen, de Magiftrat, de pere, d'époux, d'ami, parce qu'elle ne cefla jamais de regarder la vertu comme le premier des biens, & la gloire comme le fecond. J'y ai vu, j'y ai fouvent admiré une fcience profonde & un amour fincere de la Religion, qui fe réuniflent toujours dans ceux qui n'ont point intérêt de les défunir: j'y ai vu la Philofophie la plus fublime avec la foi la plus vive & la plus active. J'ai vu cette Religion fainte, donnée par Dieu même pour le bonheur des hommes, malgré l'abus que quelques hommes en font, remplir dans M. du Boullay les intentions de fon auteur, & augmenter de jour en jour l'humanité, la bienfaifance, la fenfibilité naturelle de ce Chrétien inftruit, tendre & fincere: & ici, quel vafte champ, fi j'avois à prononcer le Panégyrique d'un Saint; mais je fens que je ne fuis pas digne de toucher à cette partie de l'Eloge de M. du Boullay, qui ne feroit point déplacée à la face des autels du Dieu qui a fans doute récompenfé fes vertus chrétiennes.

Récapitulation des talens & des vertus de M. du Boullay.

Connoiffance, amour & effets de la Religion dans M. du Boullay.

La cruelle maladie dont il eft mort, ne parut d'abord qu'une légere indifpofition, pareille à celles que fes travaux multipliés lui occafionnoient fouvent. Il en fut attaqué le Jeudi 7 Septembre 1769. Elle commença à paroître dangereufe, le Lundi 11 que la petite vérole fe déclara. La force de la maladie lui donna le tranfport au cerveau; & dans ces momens terribles, fon ame, qui s'étoit accoutumée à s'occuper doucement de la Religion & de l'amitié, en répétoit encore de temps en temps les expreffions attendriffantes. Sa mort, quoiqu'imprévue, n'a point été inatten-

Derniere maladie de M. du Boullay.

due pour lui. Dans la meilleure santé, il s'inſtruiſoit dans le grand art de mourir, que la Philoſophie ébauche, & que la Religion perfectionne. Il ceſſa de vivre pour nous le Mercredi 13 de Septembre 1769, à dix heures du ſoir, dans ſon château du Boullay-Morrin, proche Evreux, âgé de quarante ans ſept mois huit jours.

Concluſion de cet Eloge. Tels ſont les faits que je dépoſe aux pieds de la vérité, de la vertu, de l'amitié. Ils ſont ſans ornements, comme il convient à l'affliction. La matiere de l'Eloge de M. du Boullay n'eſt pas ſans doute épuiſée: j'en ai dit moins qu'il n'en reſte à dire. Je n'ai point eu deſſein de peindre tout entier l'homme vertueux, bienfaiſant, éclairé, modeſte que nous regrettons: j'ai ſeulement acquitté la dette de la place que j'ai l'honneur de remplir, & plus encore celle de mon cœur. J'ai fait l'Hiſtoire abrégée des ſentimens de ceux qui ont eu l'avantage de connoître M. du Boullay; & j'ai cru qu'ils ſuppléeroient facilement & avec bonté à la foibleſſe du pinceau qui a tracé cette eſquiſſe imparfaite à la hâte, & dans le ſein des chagrins, des pleurs, de l'abattement & des ſouffrances.

Ergo Quintilium perpetuus ſopor
Urget! Cui pudor, & juſtitiæ ſoror,
Incorrupta fides, nudaque veritas
Quando ullum invenient parem?

Horat. Odar. lib. 1. Od. 24.

F I N.

ERRATA.

ELOGE de M. du Boullay, page 7, à la marge,
analyse de cet ouvrage, lisez, *analyse de ses ouvrages*.

Pag. 9, lign. 3, *ce chef-d'œuvre*, lisez, *le chef-d'œuvre*.

Pag. 25, note m, *drois*, lisez, *droits*.

Pag. 32, vers quatriéme, *las*, lisez, *les*.